AF403220

LA
FRANCE

ET LA

CONSTITUTION DE 1852

PAR

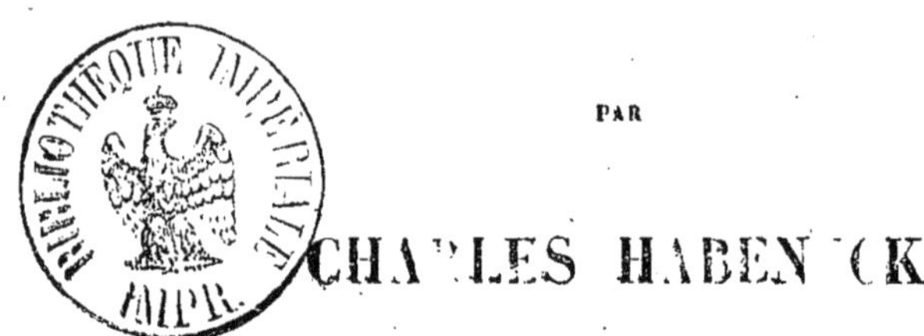

CHARLES HABENECK

> Mon gouvernement manque de contrôle et de publicité.
>
> (NAPOLÉON III *au Sénat et au Corps législatif.*)

***

PARIS

CHEZ TOUS LES LIBRAIRES

—

1861

LA FRANCE

ET

LA CONSTITUTION DE 1852

La France suit avec tant d'intérêt les affaires des nations voisines, qu'elle semble oublier ses propres besoins. On peut même dire que depuis trois ans elle a fait plus pour la liberté des autres que pour la sienne. Le gouvernement n'a pas cherché à détourner l'attention publique dirigée vers les questions extérieures, si bien qu'à l'heure présente, ce que nous connaissons le moins c'est ce qui se passe dans notre pays. Cependant chacun se mêlerait de ses affaires que tout le monde y gagnerait, à commencer par l'Italie. Quant à la France, il est temps qu'elle sache où elle en est. Le gouvernement, par les discours des présidents de Conseils-généraux, sorte de *Missi Dominici*, vient lui-même d'appeler l'attention sur la question intérieure exclusivement.

C'est de cette dernière dont on s'occupera ici, tout en prouvant que la question romaine est une question française aussi bien qu'italienne, et qu'il est impossible de la perdre de vue.

S'il fallait, en effet, résumer l'Empire en deux idées générales, les deux suivantes : EXPÉDITION DE ROME, SUFFRAGE UNIVERSEL, apparaîtraient comme les termes principaux autour desquels gravite l'histoire de ses dernières années.

L'Empire a eu l'expédition de Rome pour point de départ.

En faisant le siége de Rome en 1849, le futur empereur a suivi la politique du parti réactionnaire, en face duquel se dessinait de plus en plus un mouvement démocratique. La même assemblée réactionnaire qui approuva et demanda le siége de Rome, vota la loi du 31 mai, restrictive du suffrage universel. Ce parti, on s'en souvient, croyait à l'incapacité du prince Louis, et se promettait de lui substituer un des prétendants errants qui flânaient sur la frontière. Déjà l'on parlait de mettre le Président à Vincennes : ce fut le Président qui mit l'Assemblée à Mazas et en appela immédiatement au suffrage universel restitué à la France. De là une double politique.

On l'a dit, je pense, le 2 décembre fut une expédition de Rome à l'intérieur. On sacrifia le parti démocratique.

L'expédition de Rome est le fait dominant de la politique de l'Empire. La guerre de Russie n'est qu'un hors-d'œuvre — presqu'une faute — La guerre d'Italie est un retour à la grande question sur laquelle elle appela l'attention européenne. On avait pu l'oublier pendant quelques années : on y fut ramené par la logique qui n'oublie rien. Elle fut le dernier mot du congrès de Paris de 1856, qui se sépara en constatant son importance et sa difficulté.

A l'intérieur, la volonté de l'Empereur se substitua aux aspirations de la démocratie divisée et aux prétentions du parti réactionnaire, exactement comme l'armée française s'imposa au peuple romain. C'est ainsi qu'on retrouve cette unité de vues et d'action qui existe toujours malgré d'apparentes contradictions.

Si l'on passe maintenant à l'autre terme : suffrage universel, on voit qu'il n'est pas moins exact. Le suffrage universel est la base du gouvernement impérial en France, comme il est le principal ressort de sa politique en Europe. Le suffrage universel a été introduit par l'Empereur dans la politique générale. Il a donné la Savoie à la France et la liberté à l'Italie. Il fera le tour de l'Europe, parce qu'il est la plus haute affirmation de la raison humaine collective. L'Angleterre le demande avec le *Reform-Bill*, l'Allemagne constituera par lui son unité, les races slaves s'en serviront pour attester leur union et condamner l'Autriche, l'Espagne lui devra la proclamation de la liberté des cultes, c'est-à-dire l'émancipation morale. Enfin la Russie, avec ses masses innombrables de serfs affranchis, marche vers le suffrage universel au son du *Kolokol*, *la Cloche*, le journal du révolutionnaire Hertzen.

Si la guerre d'Italie introduisit le suffrage universel dans la politique générale, elle fut aussi une contre-partie de l'expédition de Rome dont elle vint mettre en question l'occupation par nos troupes. Aussi cette guerre eut-elle pour ennemis déclarés ceux-là mêmes qui, en 1849, avaient approuvé le siége de la ville éternelle, et pour approbateurs, ceux qui firent presque une révolution au nom de la constitution de 1848, violée par une attaque contre la liberté d'un peuple voisin. Les partis réactionnaires, qui s'étaient rapprochés de l'Empereur en haine de la démocratie libérale, se séparèrent de lui, devenu l'allié de Garibaldi l'ex-défenseur de la république romaine. Ils avaient espéré faire de l'Empire l'instrument de leurs projets, et ils s'irritaient en le voyant leur échapper. Ils cessèrent d'approuver, et commencèrent à attaquer l'homme du suffrage universel.

Le parallélisme entre la double expédition de Rome à l'extérieur et à l'intérieur est si vrai, qu'il subsiste dans la contradiction qui devient en quelque sorte la preuve de cette opération de mathématique politique : La guerre d'Italie fut suivie du décret du 24 novembre.

Qu'était-ce que le décret du 24 novembre 1860, par lequel le

gouvernement se départait un peu du système de salut public suivi
jusque-là?

Par ce décret, les séances du Sénat et du Corps Législatif deve-
naient publiques. Les comptes rendus pouvaient être reproduits par
les journaux dans des conditions difficiles, il est vrai, mais qui
avaient encore ce mérite de ne pas être tout à fait impraticables.
Une adresse en réponse au discours impérial était discutée et votée,
ce qui permettait de passer en revue la politique du gouvernement.
Enfin, l'institution des ministres sans portefeuille, véritables avocats
du pouvoir, autorisait MM. Baroche et Billaut à se souvenir de leur
ancienne profession et à revêtir leur éloquence du caractère officiel, qui est en France le caractère sacré.

Ce décret fut accueilli avec joie moins pour ce qu'il donnait que
pour ce qu'il promettait. La France s'était remise, en effet, des ter-
reurs de 1851 et de l'effroi du spectre socialiste, elle se reprenait à
rêver. Les mots de liberté, d'indépendance, retentissaient bien haut
en Italie et traversaient les Alpes. L'on venait en outre de conclure
un traité de commerce avec l'Angleterre et l'on pensait qu'entre autres choses on pourrait bien échanger un peu de liberté.

Ces espérances ne furent pas de longue durée : les journaux officieux reçurent l'ordre de rassurer les quelques peureux qui avaient
crié, comme Panurge, avant que la liberté ne les touchât. La France,
arrachée à ses illusions, se reprit à suivre avec passion les événements de la Péninsule italique où la liberté et l'autorité étaient en
présence. S'occuper de Rome c'était encore s'occuper de la France,
on a vu pourquoi plus haut. La liberté de la France et la liberté de
l'Italie sont solidaires. Le jour où les troupes françaises quitteront
la ville éternelle, des mesures libérales devront satisfaire les légiti-
mes aspirations de notre pays.

C'est d'ailleurs sur la question romaine, dont chacun comprit l'importance, que s'ouvrit la discussion de l'adresse qui passionna la nation. Cette discussion vint révéler une situation nouvelle ou du
moins inconnue.

La France vit que dans le Corps législatif, le parti démocratique,
le vaincu de 1851, celui sur lequel l'Empire s'était appuyé pour faire
la campagne d'Italie, n'était représenté que par quatre ou cinq députés
au moins insuffisants. Elle vit que les partis réactionnaires de 1851,
vaincus eux aussi, mais drapés dans la robe noire du jésuitisme,
étaient parvenus à glisser cinquante ou soixante des leurs dans l'assemblée dont la majorité était composée d'hommes dévoués à l'Empire,
approbateurs de la conduite du gouvernement, regrettant presque le
décret qui les forçait à discuter publiquement avant de voter, eux
qui, dans leur confiance, eussent plus volontiers voté que discuté.

Cela n'est point une critique : c'est l'expression d'un fait. La plupart des députés actuels ont été nommés en 1852 à une époque où tous ceux qui acceptaient le mandat, — j'en appelle à leur conscience, — n'avaient qu'à approuver la conduite de l'élu du suffrage universel. En 1857, le gouvernement les présentant de nouveau au choix du pays, avait continué leur mandat de dévouement.

Quelle fut, en résumé, l'adresse votée, sinon celle-ci? Sire, nous avons confiance en vous, tout ce que vous avez fait, tout ce que vous ferez sera bien fait.

Etait-ce là ce que voulait la France? Non. Partisans ou adversaires du pouvoir temporel, amis ou ennemis de la liberté de la France et de l'Italie conséquemment, voulaient que leurs vœux fussent nettement exprimés, soit dans un sens, soit dans un autre. La France voulait que son opinion, quelle qu'elle fût, l'Empereur la connût. Tant que les séances du Corps législatif n'avaient pas eu une publicité suffisante, il faut avouer qu'on s'était peu occupé de lui : une fois que les séances devinrent publiques, on se souvint que le Corps législatif avait pu être l'expression de la pensée du pays en 1851, mais qu'il ne l'était plus en 1860. Libéraux et réactionnaires s'inclinèrent devant le suffrage universel qu'ils voulurent interroger et l'on demanda la dissolution du Corps législatif, non pas dans une pensée d'animosité contre le gouvernement, mais pour que l'Empereur entendît la voix de la nation.

La France se sentit le droit d'exprimer sa volonté.

La volonté d'une nation se forme par l'exercice du droit de réunion et d'association, s'éclaire par la liberté de la presse, se traduit par les élections de ses représentants.

Sous l'empire de la Constitution de 1852, le droit de réunion et d'association n'existe pas. Cependant les réunions d'intéressés et les assemblées d'actionnaires sont autorisées, et qu'est-ce que l'État, sinon l'affaire commune à laquelle chacun est intéressé, dont tous les citoyens sont actionnaires? Il est donc anormal que l'on ne puisse s'entendre sur la chose publique et examiner en commun ce qui est, somme toute, de l'intérêt le plus général, le plus immédiat.

Au reste la liberté ne disparaît jamais : seulement, au lieu d'appartenir à tous, elle appartient à quelques-uns et se transforme ainsi en privilége. C'est ce qui est arrivé pour les droits de réunion et d'association depuis 1852, et ici encore l'on va retrouver l'esprit de l'expédition de Rome. Certes, le parti démocratique et libéral n'a pu s'associer et se réunir. Mais les partis réactionnaires, groupés sous le nom de parti clérical, ont organisé, sous le couvert de la religion et de l'État, de vastes et puissantes associations qui ont leurs réunions, sinon autorisées au moins tolérées, et où toutes les questions sont traitées dans un français de sacristie. Ces associations ont pullulé. Tant que l'Empire a marché selon leurs désirs, elles l'ont soutenu avec dévouement; mais le jour où l'Empereur, écoutant les inspirations de la grande et véritable politique française, repoussa la maison de Hapsbourg et délivra l'Italie, les associations cléricales devinrent les ennemies de l'Empire.

C'est qu'en effet la guerre d'Italie et les événements qui en ont été les conséquences naturelles, ont détruit presque tous les effets de l'expédition de Rome et ruiné à tout jamais le pouvoir temporel qu'il ne sera donné à personne de pouvoir faire renaître. Ces associations le savent; mais l'on se tromperait étrangement si l'on croyait que Rome est le seul mobile de leur conduite. Elles combattent le gouvernement pour elles-mêmes, pour leur propre salut, qui les intéresse plus que le salut de la Papauté. On dit volontiers : Il ne faut pas exagérer l'influence et l'importance du parti clérical, et l'on sourit en homme sûr du triomphe. Certes, il ne faut rien exagérer, mais il faut encore moins s'abandonner à une confiance majestueuse. Ces associations cléricales ont fait d'immenses progrès depuis deux ans surtout. En prenant des airs de victimes et de martyrs, elles ont attiré à elles toutes les âmes naïves.

Lorsque la question romaine disparaîtra, quand bien même elle serait, par impossible, tranchée dans un sens favorable à leurs opinions, on verra ces associations composées de réactionnaires de toutes les nuances, ne pas cesser d'agiter et prouver qu'en parlant de Rome elles songeaient à la France, et qu'il s'agissait plutôt pour elles de prendre le pouvoir ici, que de le conserver là-bas, au Saint-Père. Les masques tomberont.

C'est donc à ses ennemis, aux ennemis du suffrage universel, que le gouvernement a toléré le droit de s'associer et de se réunir qu'il a retiré au parti démocratique. Que va-t-il faire maintenant ?

A cette vaste organisation ultramontaine il sera obligé d'opposer un contre-poids. Ce contre-poids, où le prendrait-il sinon dans le parti démocratique qui se compose de la majorité de la nation. Voudrait-il s'appuyer alternativement sur l'un des deux partis pour frapper l'autre? Ce système de bascule n'est plus praticable. Il n'est plus possible d'ailleurs d'exciper de la loi de salut public.

La liberté pour tous est devenue une nécessité pour le gouvernement comme pour la nation. Le principe du suffrage universel exclut tout privilége, et le droit de réunion, le droit d'association ne peuvent pas appartenir exclusivement à un parti.

Après le droit de se réunir et le droit de s'associer, il n'en est pas de plus sacré que celui d'exprimer sa pensée et de connaître l'expression de la pensée des autres. La France doit sa grandeur réelle, dans

l'histoire de l'humanité, à sa plume plus qu'à son épée. La liberté de penser est une des libertés réclamées le plus impérieusement.

Il existe encore des journaux ; mais dans quelle situation se trouvent-ils? Les refus d'autorisation d'une part, d'autre part le capital immense qu'exigent pour pub'ier un journal, les lois sur le cautionnement et sur 'e timbre, transforment les feuilles politiques en affaires commerciales et industrielles, lesquelles, par leur petit nombre, ont comme le monopole de la pensée publique — et des annonces.

Il a été de mode — certaines gens en sont même encore là — de crier contre les journaux. Supposez cependant que la France en soit privée pendant huit jours? Toutes les affaires s'arrêteraient : le pays entier serait paralysé. Il e t à remarquer en outre que le gouvernement impérial, qui s'est montré si sévère à l'égard de la presse, s'est beaucoup servi d'elle, et non-seulement d'elle, mais des divers autres modes de publicité. A la veil'e de prendre une résolution, le gouvernement a toujours cherché à connaître l'opinion publique, soit par un article, soit par une brochure. Qui l'en blâmerait? Il a, par là, rendu un hommage réel à la presse en même temps qu'il s'exposait peut-être au reproche de s'en réserver l'usage.

Exposés aux avertissements officiels, aux communiqués, aux boutades des journaux semi-officiels, aux avertissements officieux, les malheureux rédacteurs en chef sont en outre tourmentés par leurs actionnaires i: qu'ets, que la question des annonces — du dividende, intéresse plus que la question politique. Leur travail consiste à chercher plutôt ce que l'on ne mettra pas dans le journal que ce que l'on y mettra. La responsabilité qui pèse sur eux seuls vis-à-vis du gouvernement, comme vis-à-vis des commanditaires, les oblige à prendre seuls aussi la parole, et les journaux, au lieu d'être variés, sont condamnés à la monotonie de l'opinion d'un homme de grand mérite, souvent, mais fatigué par la nécessité de se multiplier. A chaque instant il leur faut courir au ministère de l'intérieur ou ailleurs, interroger, demander, savoir, d'une façon détournée, si l'on peut dire telle ou telle chose, et lorsque, par hasard, ils s'abandonnent à l'impression du moment, ils achètent, par trois ou quatre jours d'inquiétude, la satisfaction légitime d'avoir écrit leur pensée. Les journaux français sont obligés d'emprunter les nouvelles les plus intéressantes aux journaux étrangers, encore ceux-ci sont-ils souvent arrêtés à la frontière, bien qu'ils aient le soin de faire une édition particulière pour la France. De toutes manières, les étrangers savent mieux, et plus tôt que les Français, ce qui se passe en France.

Il faut reconnaître cependant que, depuis un an, les journaux ont su conquérir pied à pied une liberté plus grande. Ils ont même été jusqu'à apprécier les séances du Sénat et du Corps législatif. Les approbations ont vu le jour les premières, il est vrai : il eût été bien difficile après cela d'empêcher les critiques.

Il résulte de tout cela une situation fausse, une polémique de demi-mots, d'allusions.

La guerre d'Italie et la politique de la France dans ce pays, sont devenus tout naturellement le champ de bataille ordinaire. Les journaux mettraient moins de passion à traiter la question pontificale, si elle n'était, somme toute, une question semi-française comme on l'a déjà expliqué. On combat le maintien de nos troupes à Rome, conséquence de l'expédition de 1849, conséquence elle-même de la politique réactionnaire et le plaisir de réclamer la liberté pour tous stimule la polémique. Chose singulière et bien caractéristique : c'est au nom de la liberté de l'Italie que l'on demande la suppression du pouvoir temporel, c'est au nom de la liberté de l'Italie que l'on demande la dissolution du Corps législatif et l'appel au suffrage universel, tandis que c'est au nom de la liberté de la France que l'on devrait réclamer ce double renoncement à une politique passée de mode.

Mais cette manière détournée de s'occuper de la France n'est-elle pas peu convenable pour la presse d'une nation dont la pensée et l'esprit ont tant d'influence sur le monde entier? Directement ou indirectement, en outre, l'esprit public s'est relevé en France : les journaux ont repris une partie de leur influence et de leur activité. Cette activité se portera tôt ou tard sur la France même. ..

Que fera ici encore le Gouvernement?—Revenir au système de 1852 ne lui est plus possible. La loi sur les avertissements, votée dernièrement par le Corps législatif, en est une preuve. Une seule porte est ouverte devant lui : c'est la liberté. Au lieu de la restituer purement et simplement, veut-il la laisser reprendre pied à pied en la tempérant par la crainte de l'avertissement suspendu sur la tête des journaux? La franchise serait préférable.

L'autorisation préalable, le cautionnement, le timbre et les avertissements doivent disparaître. Les délits de presse, au lieu d'être laissés à l'appréciation arbitraire de quelque subordonné, doivent être soumis au jury ordinaire. Ces mesures seraient véritablement dignes du ministre qui croit, dit-on, que dans un temps donné toute la démocratie sera ralliée à l'Empire.

D'ailleurs, l'éducation de la liberté se fait par la liberté même.

La liberté d'association, la liberté de réunion, la liberté de la presse garantissent la liberté des élections par lesquelles un pays envoie au Corps législatif les représentants de ses opinions et de ses intérêts. Comment se font maintenant les élections en France? (élections au Corps législatif, aux Conseils généraux, — aux Conseils communaux dans les villes qui ont eu le bonheur de conserver leur autonomie.)

Excepté dans les grandes villes, moins capables de subir les influences administratives, il est à peu près impossible à un candidat d'être nommé s'il n'est pas appuyé par le gouvernement, s'il n'est pas le candidat officiel.

En présentant son candidat officiel, l'administration dit ceci aux électeurs : — « Ou vous avez confiance en moi, ou vous n'avez pas « confiance. Si vous avez confiance, et vous me l'avez prouvé en « 1852, tout ce que je fais vous devez l'approuver encore. Ce can- « didat que je vous présente, par ce fait seul qu'il a été choisi par « moi entre tous, doit vous sembler le meilleur et vous devez lui « donner votre voix. Ne pas le nommer ce serait me refuser votre « confiance, ce serait être mon ennemi et vouloir mon renverse- « ment. » — On voit, par ce raisonnement, que la valeur du candidat est la dernière question que l'électeur ait à examiner. Les choses sont ainsi établies que, repousser l'homme du gouvernement, c'est repousser le gouvernement lui-même. Le préfet devient en quelque sorte le seul électeur du département. Encore par le télégraphe, le préfet et le ministre est-ce tout un.

— Mais, dit-on, le ministre et le préfet ne choisissent que l'homme désigné en quelque sorte par le département. — Il est facile de répondre. Si le candidat est si bien désigné par le département ou la circonscription, que ne laissez-vous les électeurs le désigner eux-mêmes? Le suffrage universel ne se trompe jamais, n'est-ce pas? tandis qu'après tout, le ministre et le préfet, avec la meilleure volonté du monde, peuvent se tromper.

Ainsi donc, tous les partisans du gouvernement, quoique désireux souvent de choisir un homme qui fasse sinon de l'opposition, mais des observations au sujet de quelque mesure prise ou à prendre, qui traduise la pensée des électeurs, doivent choisir l'homme qu'on leur présente et qui est un approbateur dévoué comme on va le voir.

Un journal de Paris, l'*Opinion Nationale*, en réclamant la dissolution du Corps législatif, demandait dernièrement qu'il se formât en France une opposition constitutionnelle. M. Guéroult priait ainsi le gouvernement d'aller présenter aux électeurs un homme de l'approbation duquel il n'est pas sûr, tandis qu'il a sous la main des hommes dévoués. En vérité, on ne peut demander cela au gouvernement! Il a pu se tromper dans certains choix, celui de M. Keller, par exemple; mais certainement cela ne lui arrivera plus.

Les candidats de l'opposition constitutionnelle ou de toute autre opposition, au reste, comme tous les candidats qui ne sont pas ceux du gouvernement, doivent entrer en lutte avec lui.

Tout d'abord, — on l'a prouvé, — l'administration entraîne le vote de tous ceux qui ne veulent pas renverser le gouvernement. L'administration dispose en outre de moyens puissants qu'elle seule peut accumuler. Tous les fonctionnaires de la circonscription, maires, employés des contributions, conseillers municipaux, gardes champêtres, facteurs ruraux, forment entre eux une union électorale parfaitement organisée, disposant du *journal de la Préfecture*, du papier aux en-têtes officielles merveilleusement propre aux avis officieux qu'ils transforment en circulaires électorales : les gardes champêtres, les facteurs distribuent les bulletins des candidats officiels exclusivement. Quel est le simple citoyen qui puisse malgré sa richesse et son influence organiser un service pareil en concurrence avec le gouvernement, lequel jusqu'à ces dernières années, a disposé encore d'un autre et puissant moyen, l'influence cléricale. Mais depuis la guerre d'Italie, hormis dans quelques diocèses dirigés par des prélats français de cœur, cette alliance sympathique s'est transformée en hostilité secrète. On l'a vu lors des dernières élections aux Conseils-généraux.

En même temps que l'opposition cléricale se redressait, l'opposition libérale ressuscitait et de cette simultanéité résultait, non pas des triomphes électoraux, car malgré quelques réussites isolées, et quelques chutes honorables, la victoire des chiffres est restée au gouvernement, — résultait, dis-je, au mot nouveau : Candidat indépendant. Il ne faut pas rire d'un mot. Il en est qui ont fait des révolutions. Qu'est-ce qu'un candidat indépendant? Ce mot n'appartient à aucun parti : il s'applique à presque tout candidat, pourvu qu'il ne soit pas appuyé par le gouvernement. Certains préfets ont protesté, comprenant l'importance de l'épithète. On leur a répondu avec justice que l'homme qui se passe de la protection et des soins de l'administration est plus libre, plus indépendant que celui qui les réclame. A quelque parti qu'il s'attache ou même en ne s'attachant à aucun parti, le mot fera fortune, surtout en France où peu de gens étant véritablement indépendants, tous ont la prétention de l'être.

Le système suivi par le gouvernement en matière d'élections amène donc l'union en fait, — non en pensée, ce serait le déshonneur de la démocratie, — du parti clérical ou réactionnaire qui voudrait un changement de dynastie, et du parti démocratique qui veut seulement pour la France, la liberté par le suffrage universel.

Tous deux réclament la liberté, rien que la liberté.

On ne s'entend que pour demander la dissolution du Corps législatif et y envoyer des députés indépendants qui disent à l'Empereur : Sire, la majorité des Français désire que l'expédition de Rome à l'intérieur et à l'extérieur soit terminée ou continuée. En effet, jusqu'ici, par le système des candidats officiels, c'est l'opinion du gouvernement qui a été représentée au Corps législatif, tandis qu'aujourd'hui c'est la nation qui veut connaître sa propre opinion, qui se consulte elle-même avant de se prononcer.

L'Empereur peut-il refuser d'entendre l'opinion de la France? Quelque haut placé que soit un homme, quelque grande que soit son intelligence, la loi de solidarité est vraie pour les souverains comme pour les citoyens, et lorsqu'il s'agit de prendre une de ces graves déterminations qui intéressent et la France et l'humanité entière, celui-là doit se sentir plus fort qui parle avec l'approbation connue d'un peuple entier, approbation raisonnée et librement exprimée !

C'est la France enfin qui doit dire si elle veut retourner au delà du 24 novembre ou aller en avant. Car un peuple ne s'arrête pas, il va en avant ou en arrière, — *pur si muove!*

Toutes ces libertés réclamées sont-elles compatibles avec la Constitution de 1852? Non. Une simple divergence d'opinion entre la France et son souverain est-elle même possible? Non, encore. Il sera facile de s'en convaincre.

Aux termes de la Constitution de 1852, qui a été ratifiée par le peuple, l'Empereur est seul responsable ; il est le pouvoir exécutif et législatif, car il a l'initiative des lois. L'Empire est par droit divin : *Vox populi, vox Dei!* Il est par droit de naissance, puisque la descendance mâle de l'Empereur doit lui succéder par ordre de primogéniture. Selon la Constitution, Napoléon III aurait reçu du suffrage universel un droit absolu ; mais le suffrage universel, la France peut-elle renoncer à son droit, qui est antérieur, et qu'elle ne peut pas plus perdre qu'un homme ne peut cesser d'être homme.

Supposons que le Corps législatif soit dissous, que les réélections amènent en face de l'Empereur une majorité qui ne partage pas la manière de voir du gouvernement et désapprouve sa conduite dans une question ou dans quelques actes partiellement. L'Empereur, comme la Constitution de 1852 l'y autorise, dissout le nouveau Corps législatif. La France renvoie par deux fois encore les mêmes députés, l'Empereur les repousse encore, la Constitution le lui permet. La nation, sans se décourager, renvoie pour la quatrième fois la même majorité. Qui cédera cette fois? Est-ce la France? Est-ce l'Empereur? Le gouvernement, en présentant des candidats officiels, empêche la question de se poser ainsi ; mais ce n'est qu'un palliatif, et la France réclame la liberté des élections !

On répond : Si elle existait l'Empereur verrait dans chaque vote la révision de son propre mandat. Que deviendrait alors la Constitution qui donne à lui seul la responsabilité? Que deviendrait l'hérédité, qui, sans réélection préalable, serait un non-sens avec la liberté des élections?

— Mais alors que devient aussi le suffrage universel? Quoi! il n'aura parlé qu'une fois? car l'élection des députés ne peut passer pour l'expression de l'opinion de la France sur telle ou telle question, c'est simplement le renouvellement d'une délégation absolue. Et voilà le suffrage universel, cette admirable consécration des grands principes d'égalité de 1789, que personne ne pourra reprendre à la France et que bientôt nul souverain d'Europe ne pourra refuser à son peuple, le voilà ainsi réduit, le voilà presque mis à l'écart avec toutes les vieilles machines politiques dont on ne se sert plus; lui, sur qui repose l'avenir de la France, l'avenir de la démocratie européenne; lui, par qui naîtra l'ordre et la stabilité par l'équilibre des individualités; lui, qui est le progrès vivant et se manifestant à tout instant de la vie des nations !

C'est ainsi que l'on se trouve en présence d'une triple anomalie, d'une triple difficulté que la nation et le gouvernement doivent chercher à faire disparaître en modifiant les termes du contrat qui les unit : ce contrat, c'est la Constitution de 1852.

« Une Constitution, a dit l'Empereur, n'est pas l'œuvre d'un jour : elle se perfectionne et s'améliore avec le temps. La liberté couronnera l'édifice, a-t-il dit encore. » — Ne sont-ce pas là de sérieux engagements qui permettent de poser hardiment la question avec toute la loyauté d'un esprit impartial?

Le droit de la nation est antérieur à celui du souverain. Le suffrage universel du peuple français, en choisissant Napoléon III pour empereur, a fait de lui le ministre de sa volonté, qu'elle lui a déléguée. Mais celui qui délègue un autre homme pour le remplacer ne perd pas son droit, il le conserve, et ce droit l'autorise à examiner comment le mandat est rempli. Un contrôle incessant est la seule garantie de la liberté.

Que l'Empereur choisisse un certain nombre de ministres qui soient les représentants de ses idées, et la France, par ses députés librement élus, exprimera loyalement son opinion et sur les idées et sur les hommes qui les représentent, sans mettre en question, bien entendu, la souveraineté. Le mandat de l'Empereur restera le même, et cependant la nation verra également sa volonté écoutée. Le gouvernement, au reste, n'est-il pas entré dans cette voie en instituant des ministres sans portefeuille qui partagent avec l'Empereur, devant la Chambre, la responsabilité de leurs paroles, lesquelles engagent le chef de l'État, puisqu'elles sont prononcées en son nom? Donnez au Corps législatif le droit de désapprouver les mi-

nistres sans mettre en question l'existence du gouvernement, sans
que l'Empereur soit responsable des paroles et des actes de ses ministres, créez par conséquent des intermédiaires entre la nation et
le souverain, vous allierez ainsi la stabilité qui fait l'ordre à l'activité qui est la vie. En même temps, que le Corps législatif partage
avec le souverain l'initiative des lois ; rétablissez l'interpellation en
droit, car on ne peut la supprimer en fait. (Les orateurs habiles,
quel que soit le sujet qu'ils traitent, savent toujours parler de la
question du jour, de l'heure même et l'attention qu'on leur accorde
est en proportion de la généralité des idées qu'ils abordent.) En
cas de dissidence trop complète, que le souverain et l'Assemblée en
appellent au suffrage universel, leur maître à tous deux. — Alors la
nation se réunissant et s'associant librement, éclairée par la liberté
de la presse, sera certaine que pas un de ses besoins n'échappera à
la double et protectrice initiative du souverain et de l'Assemblée.

Mais c'est le gouvernement constitutionnel, va-t-on s'écrier. Gouvernement constitutionnel, soit. Le mot importe peu si la nécessité
de la chose est démontrée. On a beaucoup crié contre le gouvernement constitutionnel, surtout ceux qui lui doivent ce qu'ils sont ;
mais n'est-il pas permis de répondre que tant valent les hommes,
tant vaut le système? Puis en France, vis-à-vis d'un gouvernement,
on se conduit un peu comme à l'égard d'une personne morte que
l'on a aimée — et la France a aimé tous ses gouvernements, ne
fût-ce qu'une heure, la première ! — et qu'après avoir aimée on a
abandonné. Une fois qu'elle est morte, on ne veut plus se souvenir
que des qualités ; on oublie les défauts et l'on finit presque par sou-
haiter une résurrection, parce que l'on croit que les qualités seules
reparaîtront. Pourquoi donner lieu à des regrets? Le suffrage universel modifierait, en outre, le gouvernement constitutionnel et lui
donnerait le caractère démocratique qui lui a fait défaut jusqu'ici,
le compléterait enfin.

La France, qui a bien quelques droits, d'ailleurs, à l'émancipation,
a contracté l'habitude de faire des révolutions tous les quinze ans,
par manière de distraction, quand elle s'ennuie. Certes, la France
ne s'ennuie pas en ce moment; mais elle s'impatiente; que lui
manque-t-il donc? — La certitude de la liberté.

C'est cette incertitude qui la distingue de l'Angleterre et lui fait
faire toutes ses révolutions. L'Angleterre sait qu'il n'est pas un progrès qu'elle ne réalisera lorsqu'il lui paraîtra bon et lorsqu'elle
le demandera. Sa constitution est bonne, non point à cause de
ses formes spéciales; mais à cause de son élasticité. L'Anglais
ne demande pas la liberté, il est sûr de l'avoir. Le Français l'espère
seulement. Aussi, à certains moments, quand il croit l'aperce-

voir, il s'élance pour la saisir et ne saisit que l'ombre : c'est ce qu'on appelle une révolution. Pourquoi le gouvernement français ne prendrait-il pas, lui, l'initiative de la liberté, pourquoi ne ferait-il pas une révolution sérieuse ? La seule révolution que demande la France, d'ailleurs, c'est l'application multipliée du suffrage universel qui est la base même du gouvernement impérial.

Or cette base semble un peu oubliée. Depuis 1851, par exemple, deux millions cinq cent mille électeurs au moins sont arrivés à la vie politique et cependant n'ont pas eu à émettre leur opinion sur le régime auquel ils sont soumis. C'est le tiers des électeurs qui ont donné le trône héréditaire à la famille des Napoléons. Si le suffrage universel continuait à être restreint, veut-on voir où conduirait ce système ? Dans vingt-cinq ou trente ans d'ici le nombre des électeurs réels de 1851 sera bien éclairci, il composera la minorité de la nation, et cependant les Français de 1880 seront néanmoins citoyens de l'Empire. De quel droit alors se moquerait-on des Bourbons qui affirment que le roi de France Hugues Capet, leur légitime prédécesseur, fut acclamé par les Français vers l'an mil et élevé sur le pavois, qui était l'insigne de l'élu du suffrage universel de ces temps-là ? Le gouvernement est donc aussi intéressé que la France à la liberté.

En résumé, que veut-on ici ? L'Empire repose sur le suffrage universel ; on demande que le suffrage universel joue dans la Constitution un rôle plus important. On cherche une conciliation entre le gouvernement actuel et le droit d'association, de réunion, de liberté de presse et d'élection, qui sont les vrais principes de 1789, conquêtes imprescriptibles de la France, et l'on trouve que cette conciliation est impossible sous le régime de la Constitution de 1852, qui a isolé le chef de l'État et a transformé toute manifestation de la pensée publique non conforme à la sienne en une véritable sédition, en un crime d'État répressible par tous les moyens de coercition. Cette conciliation apparaît, au contraire, comme très-possible si l'Empereur consent à donner au pays la liberté qu'il lui réclame, consent à partager la responsabilité avec des ministres qui lui seront indiqués par l'opinion publique, dont une assemblée nationale sera l'expression ; encore une fois, liberté pour la nation, liberté pour le souverain.

Dans une circulaire célèbre, M. de Persigny, avec une délicatesse dont tout le monde lui a su le meilleur gré, a recommandé aux préfets la plus grande courtoisie à l'égard des hommes des anciens partis qu'il s'agissait de rallier au gouvernement. Il y a peu de jours encore, M. Guéroult reprochait à certains hommes de rester systématiquement à l'écart, il leur disait : « Vous ne vous êtes point ralliés à la Constitution de 1852, et cependant, républicains, vous aviez accepté la charte de 1830, qui était beaucoup moins libérale. » Les motifs de cet éloignement résident dans la Constitution de 1852, qui ne donne place qu'à la volonté d'un seul et n'en laisse pas à l'expression de la volonté du pays, volonté qui ne peut s'exprimer ni par les réunions, ni par les associations, ni par la presse, ni par les élections. Modifiez la Constitution de 1852 et les abstentions disparaîtront ; vous désarmerez en même temps tous ceux qui, sous le prétexte d'un régime constitutionnel, ne cherchent qu'un changement de dynastie que ne désire pas la France.

Le moment actuel est décisif. L'Empereur doit choisir entre l'expédition de Rome et le suffrage universel.

Continuer l'expédition de Rome à l'extérieur et à l'intérieur, c'est effacer la gloire de la guerre d'Italie, c'est sacrifier le peuple italien à qui ? A des partis réactionnaires amis de l'Autriche, l'éternelle ennemie de la France ; c'est ajourner la liberté de la France, et cela au moment où l'Italie a un parlement, où l'Autriche voudrait se faire constitutionnelle, où la Russie songe elle-même à une constitution, et cela pour obéir à ceux qui veulent escamoter le pouvoir à leur profit.

En revanche, s'appuyer sur le suffrage universel et sur la liberté, à l'intérieur comme à l'extérieur, c'est affranchir un peuple, ce qui est plus beau que de le conquérir ; c'est faire de la France l'initiatrice de l'Europe à la démocratie ; c'est lui donner enfin à elle-même la paix intérieure qu'elle a achetée au prix de tant de larmes de sang ; c'est anéantir les partisans du moyen âge que la liberté tue ; c'est ouvrir à la France la route glorieuse du progrès indéfini.

Liberté ! liberté pour tous !